Thierno Diagne Ba

L'odeur des vers

Thierno Diagne Ba

L'odeur des vers

Poésie

Éditions Muse

Imprint

Any brand names and product names mentioned in this book are subject to trademark, brand or patent protection and are trademarks or registered trademarks of their respective holders. The use of brand names, product names, common names, trade names, product descriptions etc. even without a particular marking in this work is in no way to be construed to mean that such names may be regarded as unrestricted in respect of trademark and brand protection legislation and could thus be used by anyone.

Cover image: www.ingimage.com

Publisher:
Éditions Muse
is a trademark of
Dodo Books Indian Ocean Ltd., member of the OmniScriptum S.R.L Publishing group
str. A.Russo 15, of. 61, Chisinau-2068, Republic of Moldova Europe
Printed at: see last page
ISBN: 978-3-639-63595-9

A ma mère Awa
A ma femme hawa
A tous les drépanocytaires

L'odeur des vers

Je vous remercie mon Dieu

De m'avoir fait poète

Poète de toutes les joies

Et de toutes les fois

Poète de toutes les souffrances

Et de toutes les délivrances

Poète de tous les temps

Et de tous les moments

Poète de tous les maux

Et de tous les mots

Entre les mots

Elle

Elle ne meurt jamais

Elle mourra le jour

Où il n'y aura plus de larmes

D'armes

De joies

De fois

De bonheurs

De malheurs

Elle mourra le jour

Où il n'y aura plus de soleil

De lune

D'étoiles

De montagnes

De rivières

De ruisseaux

Elle mourra

Le jour où il n'y aura plus

D'ordre

De désordre

Elle mourra

Le jour où il n'y aura plus

D'hommes

De femmes

D'enfants

Elle mourra

Le jour où il n'y aura plus de Dieu

Elle,

La poésie est éternelle

Dieu est poète

Le poète des lumières

Le poète des vérités

Au-delà de l'apathie

Il baigne dans les mots

Au-delà de l'antipathie

Il est entre les maux

Au-delà de la sympathie

Le poète, seul, est empathique

CONCORDE

Priez

Prions mes frères, mes sœurs

L'humanité pleure

Elle pleure ses fils disparus

Sur les champs de bataille

Prions

Priez mères

Pour que ce vent balaie les cœurs

Priez

Prions pour que le cygne vole

A travers le monde

Prions pour que les armes se taisent

Priez pour que la paix et la concorde règnent.

A...

A tous les amis, avec qui, j'ai partagé les plus belles pages de ma vie

A cette relation féérique, embrassée de couleurs et de lumières

A cette amitié plus immense que l'immensité des mers

A cette amitié plus charmante que l'or du soir

Si on me demande

Pourquoi je vous aime.

Je dirais

Je suis vous, et vous, vous êtes moi

Je retrouve, en vous, mon âme

Je retrouve, en vous, mon esprit

Je ne saurais déchiffrer

Ce mot sacré

Ce mot saint

Ce mot qui m'a soulagé

Du mal que m'a causé

L'amour

Avec vous j'irai tranquillement

Et je tacherais

D'être Heureux.

Aimer d'amour

Le cercle de fleurs

De feuillages entrelacés

D'ornement de signe de dignité

De mon cœur vaincu par les griffes d'une beauté

Je suis possédé

Jusqu'au trognon

Ivre de désirs

L'arc de l'océan sourit

La lumière au bout du tunnel m'appelle

L'océan dans la goutte d'eau

A toi en toute conscience

Et en toute confiance.

Ton parfum

Affolé je suis comme un athlète

Fourbu après un marathon

Essoufflé, pantelant, perdant

La froideur hautaine

Du conquérant.

Devant ton charme je tombe à genoux

Comme vaincu

Mon cœur fait GUILI-GUILI

Il fait GOUZI-GOUZI

Et

Tes yeux brillants comme de l'acier

Attirent l'acier De mon cœur

Avec une intensité extraordinaire.

Point de nuages dans

Mes idées.

Tu es mon abeille.

Coup de soleil

C'était

Une magnifique méditation sur son corps

Avec la chaleur de ses lèvres

Dans ce labyrinthe de bonheurs

De désirs, de tendresses, de sentiments,

Je cherchais mon rayon de soleil

Et flirtais avec le monde des cœurs

Hors du temps l'heure me guette

L'amour absolu me berce

Comme sur une auto route

Je fonce dans une vague de salive

Ce n'est pas un coup de foudre

C'est un coup de soleil.

Dur voyage

Une beauté me berce

Son sourire m'enlève

Jusqu'à la dernière guenille

Son regard étincelant de pureté

Effrayant de désirs

Me poignarde

Une raie partage ses fesses

Sa belle sculpture me frôle

Ses lèvres fleurent mon corps

Je me blottis entre ses seins

M'engloutis entre ses jambes

A la rescousse ses hanches

Comme une bouée de sauvetage.

Même si...

Même dans l'épicentre du pacifique

Même si la lune se moquait de moi

Et que le soleil pleurait pendant que

Les étoiles dansent, je pense à toi

Même si les montagnes se dissipaient

Même si le ciel criait au même moment

Que les fleuves tarissaient et que les océans

Disparaissaient sous le regard des mers, je ne t'oublierais

Mon amour est un volcan

Plus lourd que le mont taïchan

Il n'a rien d'une plume

Le témoin, c'est ma plume.

Souffrance

La mère souffre pour son enfant

L'élève pour le savoir

Le mannequin pour être beau

L'esclave souffre pour son maître

La mer souffre pour le poisson

L'arbre pour la forêt

L'eau pour la vie

L'air souffre pour la nature

La nature souffre à cause de l'homme

Souffre, le poète lui, pour l'humanité.

Partir

Partir

Partir, découvrir le monde

De l'avenir

Partir

Rencontrer mon étoile

Ma lune, la lumière qui éclaire

Mes pensées, ma vie

Le viatique que

Je déchiffrerai demain

Dès l'aurore.

...que je pense!

Je pense que je pense

A ces longues distances

A mes erreurs, mes malheurs

Qu'épongent mes bonheurs

S'annonce mal l'avenir

Je médite sur mon devenir

Que de supputations

A n'en plus finir des méditations

Je pense que je pense

A ces panoplies de haine

Teintée de colère et de rengaine

Alors, apparaîtra-t-il la divine clémence

Que mes pensées pensent

Que mes oreilles entendent

Que mon cœur et mon âme chantent

Que je pense ?

Un univers

Un chuchotement, un murmure

S'élève déferle à travers le monde

Un raz de marée de pensées

Submerge mon intelligence

Je cherche le fil d'Ariane

Dans ce labyrinthe où je confonds

Compréhension et connaissance

Me réveillerai-je de ce cauchemar ?

La nuit porteuse de conseils

J'aimerai tant renaître

Car le temps n'est que poussière

Je ne lancerai pas avec vous ces pierres

Je mangerai avec vous ce pain.

J'en mourrai

D'un calme olympien

Je regarde l'incandescente cime

De la montagne à escalader

L'horizon me prédit l'avenir

L'esprit pour piédestal

Je rengaine mes plaisirs

Me revoilà je pars

Repartir accomplir l'œuvre d'art

Ma vie

Une œuvre demandant

Une volonté acharnée

Le brouillard de Satan

Me tourneboule me déraille

À genoux mes mains s'élèvent

Le divin vent de la montagne

Me hisse, me met sur les rails

Je suis en train

Ça marche

Comme sur des roulettes

Je gravis

D'en bas j'aperçois les hommes

Leurs sardoniques ricanements

Des vertiges, des découragements

Je compte mes fatigues

Visage tourné vers le soleil

Larmes dans la solitude

Je dompte les embûches

Majestueux, noble et digne

J'en mourrai.

LES SENTIERS DE LA GLOIRE

Dans les sentiers du plein vent

Vers les sentiers de la gloire

Mes sueurs inondent la terre

Mes salives épongent mes bévues mes impairs

Je bousculerai ces rangs ces queues

Pour aller de l'avant

Que le monde m'entende

Que mes mots l'aspergent

Que mes vers vermillonnent

La terre de mes ancêtres

Que le désert verdisse

Témoigne de la véracité

De mes proéminents sentiments

Enceints de mes idées tonitruantes

Que les trous de l'arrosoir

S'écartent éteignant

Les traditionnelles haines

Et sempiternelles rengaines

Les visages taciturnes

Et humeurs espiègles

Les cris sans voix

Et douleurs sans corps

Les longues éclipses seront claires

Et le monde sera empathique.

Le canal de mes pensées

Le moment, l'ici et maintenant

Le canal de mes pensées

L'amertume de la solitude

La chaleur du feu

La douceur de l'amour

Le sourire de l'amitié

L'odeur de la vie

Soufflent à mon oreille

Comme un écho

Sur l'oreiller de mes pensées

Mon réveil me réveille

Sur l'épaule de Dieu

Je rattrape l'arc-en-ciel

Telle une marche à étoile

Mes pensées s'envolent

Les ténèbres seront lumières

Entends-tu la voix de ton seigneur ?

Écoutes-tu l'esprit derrière ton cœur ?

Puisque tout est Dieu

Sommes-nous des dieux ?

Les graines de mes fruits

La graine du fruit de mes pensées

De ma vie

Je ne sais avec quelle eau l'arroser

Est-ce avec mes défauts, mes erreurs ?

Est-ce avec mes méditations, mes prières ?

J'ai peur

Peur d'avoir un arbre sans ombre,

Un arbre sans feuilles, ni fruits, un arbre

Qui aurait autant de feuilles que de fruits,

Autant de fruits que de feuilles

Je cherche de l'eau pour mon esprit,

Pour qu'il puisse

Frayer une voie pour atteindre

Sa cime

Où s'irradie une lumière flamboyante

Rien que pour voir

La vérité vraie

La réalité réelle

Je me dépasserai

Je m'oublierai pour insuffler âme

A mon esprit

Pour donner corps à mon

Âme.

J'irai par la mer rouge, par la mer noire ...

Ressourcer mes pensées afin de

Prêter vie à mes idées,

A mes mots,

A mes phrases, mes vers,

A la graine du fruit de mon esprit

Les graines d'avenir.

Le vide

La grandeur de l'âme

L'amour de la dignité

La dignité de la vie

La vie d'en haut

En haut de l'échelle

La dernière marche de l'escalier

Au fond de l'océan

À la cime du baobab

Au sommet de la montagne

La blessure de la trahison

Le paroxysme de la chaleur

Le summum de la froideur

Le comble de l'horreur

L'honneur de ma vie

Rien ne peut me faire du mal

Stoïque comme une momie

Les momies des éternels pharaons

Le pharaon de ma destinée

La destinée de mon destin

Le destin de Sisyphe

Sisyphe et la pierre

La pierre angulaire de l'avenir

L'avenir incertain

L'incertitude de la jeunesse

La jeunesse des pirogues

Les pirogues des malheurs

Le malheur de tout un pays

Le pays de la corruption

La corruption d'en haut

Les autorités de l'illusion

Illusion des alternances

La déception sans bornes

Bornes de scandales

Scandales de milliards

Des milliards de litres de larmes

Qui inondent les palais

Les palais des arnaqueurs de peuples

Peuples meurtris

Meurtre des étudiants

Des étudiants casseurs

Casse de voitures

Voitures marionnettes

Marionnettes politiques

Politiciens impudiques

Impudeur des filles

Des filles sans références

Des références inversées

L'autorité spoliée des parents

Des parents démissionnaires

La démission des artistes

Des artistes sans art sauf

L'art de pervertir

La perversion des stars

Des stars amnésiques

L'amnésie des faux dévots

Dévots sans DIEU sauf

Le dieu de Bush

Le dieu de Sharon

Le dieu de Laden

Loin du bon DIEU

Le DIEU de la vérité

La vérité oubliée

L'oublie de la foi

La foi sans flamme

Les flammes du cœur

L'amour du monde

Un monde amoral

L'immoralité du modernisme

La modernité en dérive

La dérive des mœurs

Les mœurs sauvages

La sauvagerie de l'occident

L'occident pilleur

Le pilleur de richesse

La richesse des pauvres

Des pauvres riches

Des riches anéantis

Chefs d'états sans grandeur

La grandeur de l'Afrique

Afrique Mère

La mère de l'histoire

L'histoire de la France

La France sans l'Afrique

L'illusion de Sarkozy

L'Afrique de la rescousse

Le secouriste de l'occident

L'occident en déperdition

Déperdition sans limites

Les limites de la science

La science d'une Amérique

L'Amérique au sommet des égoïsmes écervelés

Au sommet du développement

Le début de la décadence

Décadence et mensonge

Mensonge des ténèbres

Les ténèbres de Satan

Satan et la fin

La fin de l'ignorance

L'ignorance sur le messie

Le messie de la vérité

La vérité absolue

L'absolutisme du prophète

Le prophète Muhammad (psl)

La lumière des lumières

L'étoile des étoiles

La vérité des vérités

L'amour d'AHLUL BEYTI

Ali la porte

La porte de la connaissance

La connaissance des vérités

La vérité sur DIEU

Le DIEU des dieux

Le DIEU d'Abraham

Le DIEU de Moise

Le DIEU de Jésus

Insa ibn Mariam

Mariam la sainte

La sainteté de la Mecque

Mecque de la Kaaba

La Kaaba des puretés

La pureté de Médine

Médine la sublime

La sublimation du Prophète*(PSL)*

Le Prophète des prophètes

Les prophètes de DIEU

Dieu l'unique

L'unicité d'ALLAH

Le Tout Puissant

Le Tout Miséricordieux

Miséricorde sans FIN

La parole aux silencieux

Visiter ces tomes ces volumes

Percer le mystère de ces chapitres ces parties

Comprendre ces phrases ces mots…

Ce silence si bruissant

Mes mains s'élèvent et appellent le ciel

Cherchent le regard d'une mère

La caresse voluptueuse d'un bien aimé

Le sourire tendre d'un ami

Etre dans les eaux de l'esprit.

Nuit blanche

Sur l'oreiller du désarroi

L'insomnie me somme

De ne somnoler

De la nuit

Aux prix des conseils

Porteurs de ressources.

Rêves

Cauchemardesque ma vision onirique...

Des enfants et des femmes pleurant

Sur une terre parsemée d'hommes baignant

Dans le sang coulant

A flot dans le Nil traversant

Le Sinaï inondant Gaza

Ecartelant Jérusalem

La Mer Rouge

J'ai rêvé

Le plus fabuleux des rêves

PAIX sur la pleine lune

Eclairant les ténèbres

Les cœurs meurtris

Au grand dam des pyromanes

J'ai rêvé

Le plus sublime des actes

La prière

Ce que je suis

Un mauvais serviteur

Péchant chaque jour

La prière

Puisse Dieu me pardonner

Etaler sa Miséricorde

Sur le monde.

De l'art

Le son du dessin

La couleur de la musique

Le fond du tableau

La forme de la danse

La planète s'emballe

Epouse les contours de l'ART

Sans frontières ni murs

Aux quatre coins la voix de Makéba

De la musique pour changer les hommes

Des vers pour changer le monde

Mot à Maux

Les maux sont comme

Des mots qui nous parlent

Les mots sont comme

Des maux qu'on libère

Nous vivons et marchons

Avec eux jusqu'au trou noir

Mots à maux

Nos pensées chavirent

Dans une tempête de désert

Les vagues de sable

Frappent notre esprit

Enceintant d'un fœtus

De partage dans la marche

Grandiose vers le meilleur

Dialogue avec ta douleur

Réclame -t-elle des larmes

Ma plume pleure

Comme il pleure dans mon cœur

Des mots pour la douleur

Des vers pour la souffrance

Des phrases pour l'histoire

Ecoute l'alarme de mes larmes

Qui suintent comme des vers

A la pointe de ma plume

Qui chante ces douces mélodies

Pour apaiser les maux

Les maux sans mots

Nos os s'écartèlent

Notre sang se dérobe

Notre peau se tire

Nos yeux s'enferment

Dans les entrailles de l'esprit

A tous les drépanocytaires

Les maux sans mots

La modestie dans la grandeur

Le malheur dans le bonheur

L'esprit dans l'âme

La mort dans la vie

La vie dans la mort

L'âme dans le corps

Tout se mêle et s'entremêle

Les fins aux frontières des commencements

Tout début tendant vers une fin

Recommence

Même si

Un amour te brise le cœur

Recommence

Même si

Une trahison te ronge

Recommence

Même en mourant

La vie se recommence

Mesure ta grandeur

Dans ton amour au Seigneur

Dans la douleur

Dans le bonheur

Dans le malheur

Des mots avec des maux

Ne te donne pas la mort

Le monde est beau

Malgré toutes les besognes

Les turpitudes, les trahisons

Et tous les rêves brisés

Vis ta vie

Soit libre comme une colombe

Enjambe le monde comme un colosse

Porte le message des prophètes

Elle

Elle ne veut pas devenir adulte

Elle veut rester dans l'enfance éternelle

Elle ne veut pas

À cause des adultes

À cause de ceux qui tuent

Et conspirent à tuer

À cause de ceux qui violent

Volent et déciment leurs prochains

Les maux et les mots

Ne trahis pas mon frère

Ne calomnie pas mon voisin

Ne tue pas mon ami

Tu tues mon humanité

Ensemble

Ensemble nous ravageons

Les haines avec la lame des cyclones

Ensemble nous éteignons

Les feux des cabales

Y'a pas de feux mystérieux

Seules les flammes de l'enfer

Sont mystères

Crains Dieu

Et crois en l'homme

Croire en lui

C'est croire en Dieu

Nos mains sont sacrées

Dieu n'en a d'autre que les nôtres

Donnons sans compter

Donnons avec le cœur

Donnons comme nos mères

Nous ont donné la vie

Les mots sur les maux

L'horloge de l'heure

L'horloge de l'amour

L'horloge de l'histoire

L'horloge de mon temps

A la recherche du temps perdu

Une journée éternelle

Un soleil sans fin

L'orage dans le désert

Une mer désertique

Chaleureuse pluie

Le vide s'est comblé

Au petit soir sans soleil

Vers une nuit sans sommeil

Pensant à mes oncles

Gumma si borrom tagg

Baaray wendi baaray tey tey

MABA est à Somb

Mes remerciements ne sont

Qu'une goutte d'eau

Dans l'océan de mes prières

Prières pour Ma Awa

Père, terre, mère

La femme est à la gloire de la vie

Les maux des coups

Pourquoi

Pourquoi profanes-tu ma tombe ?

Quelle est ta religion ?

Parce que suis musulman

Parce que suis chrétien

Parce que suis juif, bouddhiste,

Je suis

Ne vois-tu pas la vie dans la mort ?

Nous entendons vos pas

Nous vous voyons

Nous hanterons vos nuits comme

Les diables de Babylone

Le coup des mots

Ultimes rêves

Nous humerons l'encens de la paix

De Kinshasa au Darfour

De Brazzaville à Ndjamena

La nuit s'éclaire

De Bangui à la somalie

De Gabon au Zimbabwe

De Nouakchott à Alger

L'espoir s'enflamme

De Dakar à Djibouti

D'Accra à Bamako

L'évolution tonne

Au pays des pharaons et des zoulous

De l'Angola au Maroc

Que Dieu bénisse l'Afrique

Mot à Mot

Sous le rythme des djembés

Elle danse suivant le vent

La douceur des mots

Du bout des lèvres

Je caresse ton corps

Du bout du corps

Je caresse tes lèvres

Je nage dans ton parfum

Je hume ta sueur

Je te ferai l'amour

Sans haine sur les laines

De la lune à la couleur brune sans brume

Je te ferai l'amour

Comme un roi

Dans un royaume de désirs

A l'empire des cœurs

La nuit sera claire

Eternelle, elle restera

Pour nous deux

Seuls, avec les abeilles

Nous goutterons de leurs miels

Et nous nous embrasseront pour l'éternité

Maux à maux

Les maux du silence

Le silence des mots

Les maux des larmes

Inondent le désert

D'où surfent les malheurs

De jeunes africains

Assoiffés d'avenir

Bravent les océans

Comme vous les aviez bravés

Chercher l'eldorado

Nous viendrons avec nos baluchons

Comme ceux de jadis

Nous contemplerons le travail

De ceux qui ont creusé vos métros

Comme vous arrachiez les baisers

Aux négresses banania

Nous ferons à vos enfants des enfants

Qui dirigeront le monde

Le coup des larmes

Comme des vagues

Sur une grotte immonde

Du fond l'oiseau s'envole

Le coup des ailes

Telle une musique d'espoir

Misérable dictateur !

N'entends- tu- pas les mots des sangs

De ces pauvres enfants

Sous la rafale des mitrailleuses ?

Le sang des mots teinte

Ces couloirs de la mort

Dans les miroirs de détresse

Le mot des caresses

La main divine de mamans

Oh mère

Vous êtes un cri

D'amour qui n'a pas de fin

Je vous sacralise

Jusque dans votre beau tombeau

Beaucoup plus qu'hier

Beaucoup moins que demain

Je vous aime

L'Afrique le terreau fertile

Des esprits flambés

Les mots résistent aux maux

Re-naissance

La douleur est plus importante dans la vie

Pour qui veut donner la vie

L'envie de renaître

Pour cesser de paraitre

Au-delà des chapitres

Loin des pupitres

Dévoiler les maux

Par les mots

Bercer le berceau

L'Afrique dans les flots

De l'océan Atlantique

Les vagues désertiques

Frappant la grotte immonde

Du fond l'oiseau prit son envol

L'enfant en bronze

Sur l'épaule du père

La montagne accouchant

Une famille

Aux cimes de la mamelle de Yoff

Dans les pénombres

Surgit une lumière

Oui pour que l'Afrique renaisse

Dans la clameur

Du petit matin

L'enfant sourit

L'index au ciel

Annonçant la re-naissance

www.ingramcontent.com/pod-product-compliance
Lightning Source LLC
Chambersburg PA
CBHW022058210326
41519CB00054B/799